LA
CONVERSION
DES SAVVAGES
QVI ONT ESTE' BA-
PTIZE'S EN LA NOVVELLE
France, cette annee 1610.

AVEC VN BREF RECIT
du voyage du Sieur DE
POVTRINCOVRT.

A.PARIS,

Chez IEAN MILLOT, tenant sa boutique sur
les degrez de la grand'Salle du Palais.

Avec Priuilege du Roy.

A LA ROYNE.

ADAME,

Dieu m'ayant fait naitre amateur de ma nation & zelateur de sa gloire, ie ne puis moins que de luy faire part de ce qui la touche, & qui sans doute l'époinçonnera quand elle entendra que le nom de Iesus-Christ est annoncé és terres d'outre mer qui portent le nom de France. Mais particulierement cela regarde vôtre Majesté, laquelle sur ces nouvelles a rendu vn temoignage du grand conten-

tement qu'elle en avoit. La Chrétien-
té doit ceci au courage & à la pieté
du Sieur de Poutrincourt, qui ne peut
viure oisif parmi la tranquillité en laquelle nous vivons par le benefice du
feu Roy vôtre Epoux. Mais (MA-
DAME) si vous desirez bien-tot voir
cet œuvre avancé, il faut que vous y
mettiez la main. Donnez luy des ailes
pour voler sur les eaux, & penetrer
si avant dans les terres de delà, que
jusques à l'extremité où l'Occident se
joint à l'Orient, tout lieu retentisse
du nom de la France. Ie sçay qu'il
ne manque de volonté & fidelité au
service du Roy & de vôtre Majesté,
pour faire (apres ce qui est de Dieu)
que vous soyés obeïs par tout le monde. Et pour mon regard en tout ce
que i'ay iamais travaillé, ie me suis ef-
forcé de bien meriter du Roy & du
public, ausquels i'ay dedié mes la-

beurs. S'il m'en arrive quelque fruit, ie le dedieray volontiers, & tout ce que Dieu m'a donné d'industrie, à l'accroiſſement de cette entrepriſe, & à ce qui regardera le bien de vôtre ſervice. Cependant ayez (MADAME) agreable ce petit diſcours evangelique (c'eſt à dire portant bonnes nouvelles) que publie à la France ſouz vôtre bon plaiſir.

MADAME,

De vôtre Majeſté

Le tres-humble, tres-obeïſſant,
& tres-fidele ſerviteur & ſujet
MARC LESCARBOT.

Extraict du Priuilege du Roy.

PAR grace & priuilege du Roy, il est permis à Iean Millot Marchant Libraire en la ville de Paris, d'imprimer, ou faire imprimer, vendre & distribuer par tout nostre Royaume tant de fois qu'il luy plaira, en telle forme ou caractere que bon luy semblera, vn liure intitulé LA CONVERSION DES SAVVAGES composé par MARC LESCARBOT Advocat en la Cour de Parlement. Et ce jusques au temps & terme de six ans finis & accomplis, à compter du jour que ledit livre sera achevé d'imprimer. Pendant lequel temps defences sont faictes à tous Imprimeurs, Libraires, & autres de quelque estat, qualité, ou condition qu'ils soient, de non imprimer, vendre, contrefaire, ou alterer ledit liure, ou aucune partie d'iceluy, sur peine de confiscation des exéplaires, & de quinze cens livres d'amende appliquable moitié à nous, & moitié aux pauvres de L'hostel Dieu de cette ville de Paris, & despens dommages, & interests dudit exposant : Nonobstant toute clameur de Haro, Chartre, Normande, Privileges, lettres ou autres appellations & oppositions formées à ce contraires faictes ou a faire. Donné à Paris le neufiesme iour de Septembre l'an de grace 1610. Et de nostre regne le premier.

Par le Roy en son Conseil.

Signé,   BRIGARD.

LA CONVERSION DES

Sauvages qui ont esté baptisez en la Nouuelle-France, cette annee 1610.

L A parole immuable de nôtre Sauveur Iesus-Christ nous temoigne par l'organe de sainct Matthieu que *l'Euangile du royaume des cieux* *Matth. 24. verf. 14.* *sera annoncé par tout le monde, pour estre en te-moignage à toutes nations, avant que la con-sommation vienne.* Nous sçavons par les histoires que la voix des Apôtres a eclaté par tout le monde de deça dés il y a plusieurs siecles passez, quoy qu'aujour-d'hui les royaumes Chrétiens en soient la moindre partie. Mais quant au nou-veau monde decouvert depuis environ six-vingts ans, nous n'auons aucun ve-stige que la parole de Dieu y ait on-

ques esté annoncée avant ces derniers
temps, si ce n'est que nous voulions ad-
jouter quelque foy à ce que Iehan de
Leri rapporte, que comme il racontoit
vn jour aux Bresiliens les grandes merveilles de Dieu en la creation du monde, & mysteres de nôtre redemption, vn
vieillart lui dit qu'il auoit ouï dire à son
grand pere qu'autrefois vn homme bar-
bu (or les Bresiliens ne le font point)
estoit venu vers eux, & leur avoit dit
choses semblables : mais qu'on ne le
voulut point écouter, & depuis s'estoiét
entre-tuez & mangez les vns les autres.
Quant aux autres nations de dela quelques vns ont bien quelque sourde nouvelle du deluge, & de l'immortalité des
ames, ensemble de la beatitude des biẽ-
vivans apres cette vie, mais ils peuvent
avoir retenu cette obscure doctrine de
main en main par tradition depuis le
cataclisme vniversel qui avint au temps
de Noé. Reste donc a deplorer la mise-
rable condition de ces peuples qui oc-
cupent vne terre si grande, que le monde de deça ne vient en comparaison
avec elle, si nous comprenons la terre
qui est outre le détroit de Magellan di-
te

te, *Terra del fugo* , tant en son etenduë
vers la Chine, & le Iapan, que vers la
Nouvelle Guinée: comme auſſi celle
qui eſt outre la grande riviere de Canada, qui s'eſtend vers l'Orient & eſt bai-
gnée de la grande mer Occidentale.
Toutes leſquelles contrees ſont en vne
miſerable ignorance, & n'y a point d'ap-
parence qu'elles aient onques eu le vẽt
de l'Evangile, ſinon qu'en ce dernier
ſiecle l'Heſpagnol parmi la cruauté &
l'avarice y a apporté quelque lumiere
de la religion Chrétienne. Mais cela eſt
ſi peu de choſe, qu'on n'en peut pas faire ſi grand eſtat qu'il pourroit ſembler,
d'autant que par la confeſſion méme
de ceux qui en ont écrit les hiſtoires ils
ont preſque tué tous les naturels du
païs, & en fait nombre vn certain hi-
ſtorien, de plus de vingt millions, dés
il y a ſoixante dix ans. L'Anglois depuis
vingt-cinq ans a pris pié en vne terre
qui git entre la Floride, & le païs des
Armouchiquois, laquelle terre à eſté
appellée Virginie en l'honneur de la
defunctẽ Royne d'Angleterre. Mais
cette nation fait ſes affaires ſi ſecrete-
ment, que peu de gens en ſçauent de

B

nouvelles certaines. Peu apres que i'eu
publié mon Histoire de la Nouvelle
France on fit vn embarquemét de huit
cens hommes pour y envoyer. Il n'est
point mention qu'ils se soient lavé les
mains au sang de ces peuples. En quoy
ils ne sont ni à loüer, ni à blamer : car
il n'y a aucune loy, ni aucun pretexte,
qui permette de tuer qui que ce soit, &
méme ceux des biens desquelz nous-
nous emparons. Mais ils sont à priser
s'ils montrent à ces pauvres ignorans le
chemin de salut par la vraye & non far-
dee doctrine Evangelique. Quant à
noz François ie me suis assez plaint en
madite Histoire de la poltronnerie du
temps d'aujourd'huy, & du peu de zele
que nous avons soit à redresser ces pauvres errans, soit à faire que le nom
de Dieu soit conceu exalté & glorifié
en ces terres d'outre mer, où jamais il ne
le fut. Et toutefois nous voulons que
cela porte le nom de France, nom tant
auguste & venerable, que nous ne pou-
vons sans honte nous glorifier d'vne
France qui n'est point Chrétienne. Ie
sçay qu'il ne manque pas de gens de bó-
ne volonté pour y aller. Mais pourquoy

l'Eglise, qui poſſede tant de biens;mais
pourquoy les Grands, qui font tant de
depenſes ſuperflues , ne financent-ilz
quelque choſe pour l'execution d'vn ſi
ſainct œuvre ? Deux Gentils-hommes
pleins de courage en ces derniers tẽps
ſe ſont trouvez zelés à ceci, les Sieurs de
Monts,& de Poutrincourt, leſquels à
leurs dépens ſe ſont enervés, & ont fait
plus que leurs forces ne pouvoient porter. L'vn & l'autre ont continué juſques
à preſent leurs voyages. Mais l'vn a eſté
deceu par deux fois, & eſt tombé en
grand intereſt pour s'eſtre rendu trop
credule aux paroles de quelques vns.
Or d'autant que les dernieres nouvelles
que nous avons de nôtre Nouvelle-
France viennent de la part du Sieur de
Poutrincourt,nous dirons ici ce qui eſt
de ſon fait : & avons iuſte ſujet d'exal-
ter ſon courage, entant que ne pouvant
viure parmi la tourbe des hommes oiſifs, dont nous n'abondons que trop; &
voyant nôtre France comme languir
au repos d'vn calme ennuieux aux hõ-
mes de travail : apres avoir en mille oc-
caſions fait preuve de ſa valeur depuis
vingt quatre ans ença ; il a voulu coro-

ner ſes labeurs vrayement Herculeens
par la cauſe de Dieu, pour laquelle il
employe ſes moyens & les forces, & va
hazardant ſa vie, pour accroitre le nombre des citoyens des cieux, & amener à
la bergerie de Ieſus-Chriſt nôtre ſouve-
rain Paſteur, les brebis egarées, leſquelles il ſeroit bien-ſeant aux Prelats de l'E-
gliſe d'aller recuillir (du moius contri-
buer à cet effect) puis qu'ils en ont le
moyen. Mais avec combien de travaux
s'eſt-il employé juſques ici à cela ? Voi-
ci la troiſieme fois qu'il paſſe le grand
Ocean pour parvenir à ce but. La premiere année ſe paſſa avec le ſieur de
Monts à chercher vne demeure propre
& vn port aſſeuré pour la retraite des
vaiſſeaux & des hommes. Ce qui ne ſuc-
ceda pas bien. La ſeconde année fut
employée à la meſme choſe, & lors il
eſtoit en France. En la troiſieme nous
fimes epreuve de la terre, laquelle nous
rendit abondamment le fruict de nôtre
culture : Cette année icy voyant par
vne mauvaiſe experience que les hommes ſont trompeurs, il ne s'eſt plus voulu attendre à autre qu'à luy-même, &
eſt mis en mer le 26. Fevrier, ayant eu

temps fort contraire en sa navigation,
laquelle a esté la plus longue dont i'aye
jamais ouï parler. Certes la nôtre nous
fut fort ennuieuse il y a trois ans, ayans
esté vagabons l'espace de deux mois &
demi sur la mer avant qu'arriver au Port
Royal. Mais en cette-ci ils ont esté trois
mois entiers. De sorte qu'vn indiscret
se seroit mutiné jusques à faire de mau-
vaises conspirations: toutesfois la beni-
gnité dudit Sieur de Poutrincourt & le
respect du lieu où il demeuroit à Paris,
lui ont serui de bouclier pour luy garen-
tir la vie. La premiere côte où territ ice- *Territ,*
luy Sieur de Poutrincourt fut au port *c'est à*
au Mouton. De là parmi les brouillas *dire de-*
qui sont fort frequens le long de l'Eté *couvrir*
en cette mer, il se trouva en quelques *la terre.*
perils, principalement vers le Cap de
Sable, où son vaisseau pensa toucher sur
les brisans. Depuis voulant gaigner le
Port Royal, il fut porté par la violence
des vents quarante lieuës par-dela,
c'est à sçavoir à la riviere de No-
rombega tant celebrée & fabuleuse-
ment décrite par les Geographes & Hi- *Hist. de*
storiens, ainsi que i'ay monstré en madi- *la Nou-*
te Histoire, là où se pourra voir cette *velle-*
navigation par la Table geographique

que i'y ay mise. De-là il vint à la riviere
sainct Iehan qui est vis à vis du Port
Royal pardela la Baye Françoise, où il
trouva vn navire de S. Malo, qui tro-
quoit avec les Sauvages du païs. Et là il
eut plainte d'vn Capitaine Sauvage
qu'vn dudit navire lui auoit ravi sa femme, & en abusoit: dont ledit Sieur fit
informer, & print celui là prisonnier,
& le navire aussi. Mais il laissa aller ledit
navire & les matelots se contentant de
garder le malfaiteur : lequel neantmoins s'evada dans vne chaloupe & se
retira avec les Sauvages, les detour-
nant de l'amitié des François, comme
nous dirons ci-apres. En fin arriués audit Port Royal il ne se peut dire avec
combien de ioye ces pauvres peuples
receurent ledit Sieur & sa compagnie.
Et de verité le sujet de cette ioye estoit
d'autant plus grand qu'ils n'avoient
plus d'esperance de voir les François
habiter aupres d'eux, desquels ils
auoient ressenti les courtoisies lors que
nous y estions, dont se voyans pri-
ués, aussi pleuroient ils à chaudes lar-
mes quand nous partimes de là il y a
trois ans. En ce Port Royal est la demeu-

re dudict sieur de Poutrincourt, le plus
beau sejour que Dieu ait formé sur la
terre, remparé d'un rang de 12 ou 15.
lieuës de montagnes du côté du Nort,
sur lesquelles bat le Soleil tout le iour:
& de cotaux au côté du Su, ou Midi:
lequel au reste peut contenir vingt mil-
les vaisseaux en asseurance, ayant vingt
brasses de profond à son entrée, vne
lieuë & demie de large, & quatre
de long jusques à vne ile qui a
vne lieuë Françoise de circuit: dans lequel i'ay veu quelquefois à l'aise noüer
vne moyenne Baleine, qui venoit
auec le flot à huict heures au matin par
chacun jour. Au reste dans ce port se
peche en la saison grande quantité de
harens, d'eplans, (ou eperlans) sardi-
nes, bars, moruës, loups-marins, & autre poissons: & quant aux coquillages,
on y recueille force houmars, crappes,
palourdes, coques, moules, escargots,
& chatagines de mer. Mais qui voudra
aller au dessus du flot de la mer il pe-
chera en la riviere force eturgeons &
saumons, à la deffaicte desquels il y a vn
singulier plaisir. Or pour reprendre nô-
stre fil, le Sieur de Poutrincourt arrivé

là a trouvé ses batimens tout entiers
sans que les Sauvages (ainsi a-on appellé ces peuples là iusques à maintenant)
y eussent touché en aucune façon, ny
méme aux meubles qu'on y avoit laissé.
Et soucieux de leurs vieux amis ils de-
mandoient comme vn chacun d'eux
se portoit, les nommant particulierement par leurs noms communs, & de-
mandans pourquoy tels & tels n'y
estoient retournez. Ceci demontre vne
grãde debõnaireté en ce peuple, lequel
aussi ayant en nous reconu toute huma-
nité, ne nous fuit point, comme il fait
l'Hespagnol en tout ce grand monde
nouveau. Et consequemment par vne
douceur & courtoisie, qui leur est aussi
familiere qu'à nous, il est aisé de les faire plier à tout ce que l'on voudra, & particulierement pour ce qui touche le
point de la Religion, de laquelle nous
leur avions baillé de bonnes impressiõs
lors que nous estions aupres d'eux, &
ne desiroient pas mieux que de se ran-
ger souz la banniere de Iesus Christ: à
quoy ils eussent esté receuz dés lors,
si nous eussions eu vn pié ferme en la
terre. Mais comme nous pensions continuer,

tinuer, avint que le fieur de Monts ne
pouvant plus fournir à la depenfe, & le
Roy ne l'affiftant point, il fut contraint
de revoquer tous ceux qui eftoient pardelà, lefquels n'avoient porté les chofes
neceffaires à vne plus longue demeure.
Ainfi c'euft efté temerité & folie de
conferer le baptéme à ceux qu'il euft
fallu par apres abandonner, & leur donner fujet de retourner à leur vomiffe-
ment. Mais maintenant que c'eft à bon
efcient, & que ledit fieur de Poutrincourt fait pardelà fa demeure actuelle,
il eft loifible de leur imprimer le chara-
ctere Chrétien fur le front & en l'ame,
apres les avoir inftruit és principaux ar-
ticles de nôtre Foy. Ce qu'a eu foin de
faire ledit Sieur, fachant ce que dit l'A-
pôtre, que *celuy qui s'approche de Dieu doibt*
croire que Dieu eft : & apres cette croyan-
ce, peu à peu on vient aux chofes qui
font plus eloignées du fens commun,
comme de croire que d'vn rien Dieu ait
fait toutes chofes, qu'il fe foit fait homme, qu'il foit nay d'vne Vierge, qu'il ait
voulu mourir pour l'homme, &c. Et
d'autant que les hommes Ecclefiaftics
qui ont efté portés pardelà ne font en-

Aux
Hebr. 11.
verf. 6.

C

core inftruits en la langue de ces peuples, ledit Sieur a pris la peine de les inftruire & les faire inftruire par l'organe
de fon fils ainé jeune Gentilhomme qui
entend & parle fort bien ladite langue,
& qui sêble eftre né pour leur ouvrir le
chemin des cieux. Les hommes qui font
au Port Royal, & terres adjacentes tirant vers la Terre-neuve, s'appellent
Souriquois, & ont leur langue propre.
Mais paffee la Baye Françoife, qui a environ 40. lieuës de profond dans les
terres, & 10. ou 12. lieuës de large, les
hommes de l'autre part s'appellent Etechemins, & plus loin font les Armouchiquois peuple diftingué de langage
de ceux-ci, & lequel eft heureux en quã-
tité de belles vignes & gros raifins, s'il
fçavoit conoître l'vtilité de ce fruit, le-
Ammian quel (ainfi que nos vieux Gaullois) il
Marcellin penfe eftre poifon. Il a auffi de la chãve
excellente que la nature lui donne, laquelle en beauté & bõté paffe de beaucoup la nôtre : & outre ce le Saffafras,
force chenes, noyers, pruniers, chatai-
gniers, & autres fruits qui ne font venus
a nôtre conoiffance. Quant au Port
Royal ie veux confeffer qu'il n'y a pas

tant de fruits : & neantmoins la terre y
est plantureuse pour y esperer tout ce
que la France Gaulloise nous produit.
Tous ces peuples se gouvernent par Capitaines qu'ils appellent Sagamos, mot
qui est pris és Indes Orientales en méme signification, ainsi que i'ay leu en
l'histoire de Maffeus, & lequel i'estime
venir du mot Hebrieu *Sagan*, qui signi-
fie Grand Prince, selon Rabbi David,
& quelquefois celui qui tient le second
lieu aprés le souverain Pontife. En la
version ordinaire de la Bible il est pris
pour le Magistrat: & neantmoins là mé-   *Esai.41.*
me les interpretes Hebrieux le tournēt   *vers.25.*
Prince. Et de fait nous lisons dans Be-   *Ierem.51.*
rose que Noé fut appellé Saga tant   *vers. 23.*
pour ce qu'il estoit grand Prince, que   *santes*
pour ce qu'il avoit enseigné la Theolo-   *Pagnin°.*
gie, & les ceremonies du service divin,
avec beaucoup de secrets des choses
natureles, aux Scytes Armeniens, que
les anciens Cosmographes appellerent
Sages du nom de Noé. Et paraventure
pour cette méme consideration ont
esté appellés nos Tectosages, qui sont
les Tolosains. Car ce bon pere restau-
rateur du monde vint en Italie, & en-

voya repeupler les Gaulles après le Deluge, donnant son nom de Gaullois (car Xénophon dit qu'il fut aussi appellé de ce nom) à ceux qu'il y envoya, par ce qu'il avoit esté echappé des eaux. Et n'est pas inconvenient que lui-méme n'ait imposé le nom aux Tectosages. Revenons à nôtre mot de Sagamos lequel est le tiltre d'honneur des Capitaines en ces Terres neuves dont nous parlons. Au Pott Royal le Capitaine, ou Sagamos dudit lieu s'appelle en son nom Membertou. Il est âge de cent ans pour le moins, & peut naturellement vivre encore plus de cinquante. Il a sous soy plusieurs familles, ausquelles il commande, non point avec tant d'authorité que fait nôtre Roy sur ses sujets, mais pour haranguer, donner conseil, marcher à la guerre, faire raison à celui qui reçoit quelque injure, & choses semblables. Il ne met point d'impost sur le peuple. Mais s'il y a de la chasse il en a sa part sans qu'il soit tenu d'y aller. Vray est qu'on lui fait quelquefois des presens de peaux de Castors, ou autre chose, quand il est employé pour la guerison de quelque malade, ou pour inter-

roger ſon dæmon (qu'il appelle *Aou-*
tem) afin d'auoir nouuelle de quelque
choſe future, ou abſente: car chaque
village, ou compagnie de Sauvages,
ayant vn *Aoutmoin*, c'eſt à dire Devin,
qui fait cet office, Membertou eſt celui
qui de grande ancienneté a prattiqué
cela entre ceux parmi leſquels il a con-
verſé. Si bien qu'il eſt en credit pardeſ-
ſus tous les autres Sagamos du païs, aiāt
dés ſa jeuneſſe eſté grand Capitaine, &
parmi cela exercé l'office de Devin &
de Medecin, qui ſont les trois choſes
plus efficaces à obliger les hommes, & à
ſe rendre neceſſaire en ceſte vie humaine. Or ce Membertou aujourd'huy par
la grace de Dieu eſt Chrétien avec toute ſa famille, aiant eſté baptizé, & vingt
autres apres lui, le jour ſainct Iehan dernier 24. Iuin. I'en ay lettres dudit Sieur
de Poutrincourt en datte du vnzieme
jour de Iuillet enſuivant. Ledit Membertou a eſté nommé du nom de nôtre
feu bon Roy HENRY IIII. & ſon fils
ainé du nom de Monſeigneur le Dauphin aujourd'huy nôtre Roy LOVIS
XIII. que Dieu benie. Et ainſi conſequemment la femme de Membertou a
C iij

eſté nommée MARIE du nom de la
Royne Regente, & à ſa fille a eſté impoſé le nom de la Roine MARGVERITE. Le
ſecond fils de Membertou dit Actaudin
fut nommé PAVL du nom de nôtre
ſainct Pere le Pape de Rome. La fille du
ſuſdit Louïs eut nom CHRISTINE en
l'honneur de Madame la ſœur ainée du
Roy. Et conſequemment à chacun fut
impoſé le nom de quelque illuſtre, ou
notable perſonnage de deça. Pluſieurs
autres Sauvages eſtoient lors allez ca-
banner ailleurs (comme c'eſt leur coutume de ſe diſperſer par bendes quand
l'eſté eſt venu) lors de ces ſolennitez de
regeneration Chrétienne, leſquels nous
eſtimons eſtre aujourd'huy enrollés en
la famille de Dieu par le même lavemét
du ſainct bapteme. Mais le diable, qui
iamais ne dort, en ceſte occurrence ici
a témoigné la jalouſie qu'il avoit du ſalut annoncé à ce peuple, & de voir que
le nom de Dieu fuſt glorifié en cette
terre : ayant ſuſcité vn mauvais François, non François, mais Turc : non
Turc, mais Athée, pour detourner du
ſentier de ſalut pluſieurs Sauvages qui
eſtoient Chrétiens en leur ame & de

volonté dés il y a trois ans : & entre autres vn Sagamos nommé Chkoudun
homme de grand credit, duquel i'ay fait
honorable métion en mon Histoire de
la Nouvelle-Frãce, par ce que je l'ay veu
sur tous autres aymer les François, &
qu'il admiroit nos inventions au pris de
leur ignorance : mémes que s'estant
quelquefois trouvé aux remontrances
Chrétiennes qui se faisoient par-de là à
noz Frãçois par chacun Dimanche, il s'y
rendoit attentif, encores qu'il n'y enté-
dist rien : & davantage avoit pendu devant sa poitrine le signe de la Croix, lequel il faisoit aussi porter à ses domestics
& avoit à nôtre imitation planté vne
grande Croix en la place de son village
dit *Oigoudi*, sur le port de la riuiere sainct
Iehan, à dix lieuës du port Royal. Or
cet homme avec les autres, a esté dé-
tourné d'estre Chrétien par l'avarice
maudite de ce mauvais François que
i'ay touché ci dessus, lequel ie ne veux
nõmer pour cette heure pour l'amour
& reverence que ie porte à son pere,
mais avec protestation de l'eternifer s'il
ne s'amende. Celui-là, di-ie, pour attra-
per quelques Castors de ce Sagamos

Chkoudun, l'alla en Iuin dernier suborner, a-
pres s'estre euadé des mains dudit Sieur de
Poutrincourt, disãt que tout ce qu'icelui Poutrincourt leur disoit de Dieu n'estoit rien qui
vaille, qu'il ne le falloit point croire, & que c'e-
stoit vn abuseur, & qu'il les feroit mourir pour
auoir leurs Castors. Ie laisse beaucoup de mechans discours qu'il peut auoir adjouté à cela.
S'il estoit de la Religion de ceux qui se disent
Reformez ie l'excuserois aucunement: mais il
môtre bien qu'il n'est ni de l'vne, ny de l'autre.
Si diray-ie toutefois qu'il a sujet de remercier
Dieu du dãger où il s'est veu en nôtre voiage.
Ce Sagamos pouvoit estant Chrétien en rẽdre
bon nombre semblables à lui, à son imitation.
Mais ie veux esperer, ou plustot croire pour
certain qu'il ne demeurera plus gueres long
tẽps en cet erreur, & que ledit Sieur aura trouvé moyen de l'attirer (avec beaucoup d'autres)
prés de soy, pour luy imprimer derechef les vives persuasions dont il lui avoit autrefois touché l'ame en ma presence. Car l'esprit de Dieu
est puissant pour faire tõber sur ce champ vne
nouvelle rousee, qui fera regermer ce que la
grele a desseché & abbatu. Dieu vueille par sa
grace conduire le tout en sorte que la chose
reüssisse à sa gloire & à l'edification de ce peuple, pour lequel tous Chrétiens doivent faire
continuelles prieres à sa divine bonté, à ce qu'il
lui plaise confirmer & avancer l'œuvre qu'il
lui a pleu susciter en ce temps pour l'exaltation
de son nom, & le salut de ses creatures.

F I N.

volonté dés il y a trois ans : & entre autres vn Sagamos nommé Chkoudun
homme de grand credit, duquel i'ay fait
honorable métion en mon Histoire de
la Nouvelle-Fráce, par ce que je l'ay veu
sur tous autres aymer les François, &
qu'il admiroit nos inventions au pris de
leur ignorance : mémes que s'estant
quelquefois trouvé aux remontrances
Chrétiennes qui se faisoient par-de-là à
noz Fráçois par chacun Dimanche, il s'y
rendoit attentif, encores qu'il n'y enté-
dist rien : & davantage avoit pendu devant sa poitrine le signe de la Croix, lequel il faisoit aussi porter à ses domestics
& avoit à nôtre imitation planté vne
grande Croix en la place de son village
dit *Oigoudi*, sur le port de la riuiere sainct
Iehan, à dix lieuës du port Royal. Or
cet homme avec les autres, a esté dé-
tourné d'estre Chrétien par l'avarice
maudite de ce mauvais Fráçois que
i'ay touché ci-dessus, lequel ie ne veux
nómer pour cette heure pour l'amour
& reverence que ie porte à son pere,
mais avec protestation de l'eterniser s'il
ne s'amende. Celui-là, di-ie, pour attra-
per quelques Castors de ce Sagamos

D

Chkoudun, l'alla en Iuin dernier fubor-
ner, apres s'eftre euadé des mains dudit
Sieur de Poutrincourt, difant que tout
ce qu'icelui Poutrincourt leur difoit de
Dieu n'eftoit rien qui vaille, qu'il ne le
falloit point croire, que c'eftoit vn
abufeur, & qu'il les feroit mourir pour
auoir leurs Caftors. Ie laiffe beaucoup
de mechans difcours qu'il peut auoir ad
jouté à cela. S'il eftoit de la Religion de
ceux qui fe difent Reformez ie l'excufe-
rois aucunement : mais il montre bien
qu'il n'eft ni de l'vne, ny de l'autre. Si diray-ie toutefois qu'il a fujet de remercier
Dieu du danger où il s'eft veu en nôtre
voyage. Ce Sagamos pouvoit eftant
Chrétien en rendre bon nombre fem-
blables à lui, à fon imitation. Mais ie
veux efperer, ou pluftot croire pour certain qu'il ne demeura plus gueres long
temps en cet erreur, & que ledit Sieur
aura trouvé moyé de l'attirer(auec beaucoup d'autres) pres de foy, pour luy imprimer derechef les vives perfuafions
dont il luy avoit autrefois touché l'ame
en ma prefence. Car l'efprit de Dieu eft
puiffant pour faire tomber fur ce champ
vne nouvelle roufee, qui fera regermer

ce que la grele a defieché & abbatu. Il y
a pardela des hommes d'Eglife de bon
fçavoir que le feul zele de la Religion
y a porté, lefquels ne manqueront de faire tout ce que la pieté requerra en ce regard. Or quant à prefent il n'eft pas be-
foin de ces Docteurs fublimes qui peuvent eftre plus vtiles pardeça à combattre les vices & les herefies. Ioint qu'il y a
certaine forte de gens defquels on ne fe
peut pas bien affeurer faifans métier de
cenfurer tout ce qui ne vient à leurs ma-
ximes, & voulans commander par tout.
Il fuffit d'eftre veillé au dehors fans avoir
de ces epilogueurs qui confiderent tous
les mouvemens de vôtre corps & de vôtre cœur pour en faire regitres, defquels
les plus grands Rois mémes ne fe peuvēt
défendre. Et puis, que ferviroiēt pardela
tāt de gens de cette forte, quāt à prefent,
fi ce n'eft qu'ils vouluffent s'addonner à
la culture de la terre ? Car ce n'eft pas
tout que d'aller là. Il faut confiderer ce
que l'on y fera y eftant arrivé, Pour ce
qui eft de la demeure du Sieur de Poutrincourt il s'eft fourni au depart de ce
qui lui eftoit neceffaire. Mais s'il pre-
noit envie à quelques gens de bien d'y

avancer l'Evangile, ie feroy d'avis qu'ils
fiffent cinq ou fix bendes, avec chacun
vn navire bien equippé, & qu'ils allaf-
fent planter des colonies en diuerfes pla-
ces de ces quartiers là, comme à Tadouf-
fac, Gachepé, Campfeau, la Héve, Oigoudi, Sainte Croix, Pempteg oet, Ki-
nibeki, & autres endroits où font les af-
femblées de Sauvages, lefquels il faut
que le temps ameine à la Religion Chrétienne: fi ce n'eft qu'vn grand Pere de famille tel que le Roy en vueille avoir la
gloire totale, & face habiter ces lieux.
Car d'y penfer vivre à leur mode i'eftime
cela eftre hors de nôtre pouvoir. Et pour
le montrer, leur façon de vivre eft telle,
que depuis la premiere terre (qui eft la

Façon de vivre des Souriquois & Ethe-chemins.

Terre - neuve) iufques aux Armouchiquois, qui font pres de trois cens
lieuës, les hommes vivent vagabons,
fans labourage, n'eftans iamais plus de
cinq ou fix femaïnes en vn lieu. Pline à
fait mention de certains peuples dits
Ichthyophages, c'eft à dire Mangeurs de
poiffons, viuans de cela. Ceux çi font
tout de même les trois parts de l'année.
Car venant le Printeps ils fe divifent par
troupes fur les rives de mer iufques à

l'Hiver, lequel venãt, par ce que le poiſſõ
ſe retire au fond des grandes eaux ſalées,
ilz cherchent les lacs & ombres des bois,
où ilz pechent les Caſtors, dont ilz vivẽt,
& d'autres chaſſes, comme Ellans Ca-
ribous, Cerfs, & autres animaux mo-
indres que ceux-là. Et neantmoins quelquefois en Eté méme ilz ne laiſſent point
de chaſſer: & d'ailleurs ont infinie quantité d'oyſeaux en certaines iles és mois
de May, Iuin, Iuillet, & Aouſt. Quant à
leur coucher, vne peau etendue ſur la
terre leur ſert de matelas. Et en cela n'a-
vons dequoy nous mocquer d'eux, par
ce que noz vieux peres Gaullois en fai-
ſoient de méme, & dinoiẽt auſſi ſur des
peaux de chiens & de loups, ſi Diodore
& Strabon diſent vray. Mais quant au
pais des Armouchiquois & Iroquois, il
y a plus grande moiſſon à faire pour
ceux qui ſont pouſſez d'vn zele religieux, par ce que le peuple y eſt beaucoup
plus frequent, & cultive la terre, de laquelle il retire vn grand ſoulagement de
vie. Vray eſt qu'il n'entent pas bien la fa-
çõ de faire le pain, n'ayant les inventiõs
des moulins, ni du levain, ni des fours;
ains broye ſon blé en certaine façon de

le coucher

*Armou-
chiquois.*

D iij

mortiers,& l'empâte au mieux qu'il peut
pour le faire cuire entre deux pierres e-
chauffées au feu: ou bien rotit ledit blé
en epic fur la braife, ainfi que faifoient
les vieux Romains, au dire de Pline. Depuis on trouva le moyen de faire des ga-
teaux fouz la cendre : & depuis encore
les boulengers trouverent la façon des
fours. Or ces peuples cultivans la terre
font arretés, ce que les autres ne font
point, n'ayans rien de propre, tels qu'e-
ftoient les Allemans au temps de Tacite,
lequel a décrit leurs anciennes façons
de vivre. Plus avant dans les terres au
deffus des Armouchiquois font les Iroquois peuples auffi arretés, par ce qu'ilz
cultivent la terre ; d'où ils recueillent du
blé mahis (ou Sarazin) dés féves, des bô-
nes racines , & bref tout ce que nous a-
vons dit du pays defdits Armouchiquois, voire encore plus, car par necef-
fité ilz vivent de la terre, eftans loin de
la mer. Neantmoins ils ont vn grand lac
d'étenduemerveilleufe, comme d'environ 60. lieuës, àlentour duquel ils font
cabanés. Dans ledit lac il y a des iles belles & grandes, habitées defdits Iroquois,
qui font vn grand peuple, & plus on va

Plin.liv.
18.chap.
2.&10.

Iroquois.

avant dans les terres plus on les trouve
habitées: si bien que (s'il en faut croire
les Hespagnols) au pays dit le Nouveau *Nouveau*
Mexique bien loin pardela lesdits Iro- *Mexique.*
quois, en tirant au Suroüest, il y a des
villes baties, & des maisons à trois & quatre etages: méme du bestial privé: d'où
ils ont appellé vne certaine riviere *Rio de*
las vaccas, La riviere des Vaches, pour y
en avoir veu en grand nombre paturer
le lõg de la riviere. Et est ce pays directe-
ment au Nort à plus de cinq cens lieuës
du vieil Mexique, avoisinant, comme ie
croy, l'exrremité du grand lac de la riviere de Canada, lequel (selon le rapport *Grand*
des Sauvages) a trente journées de long. *lac outre*
Ie croiroy que des hommes robu- *Canada.*
stes & bien composés pourroient vivre parmi ces peuples là, & faire grand
fruit à l'avancement de la Religion
Chrétienne. Mais quant aux Souriquois, & Etechemins, qui sont vagabons & divisés, il les faut assembler par
la culture de la terre, & obliger par ce
moyen à demeurer en vn lieu. Car qui-
conque a pris la peine de cultiver vne
terre il ne la quitte point aisément. Il cõ-
bat pour la conserver de tout son coura-

ge. Mais ie trouve ce dessein de longue
execution si nous n'y allons d'autre zele,
& si vn Roy ou riche Prince ne prent
cette cause en main, laquelle certes est
digne d'vn royaume tres-Chrétien. On
a jadis fait tant de depenses & pertes
d'hommes à la reconqueste de la Palestine, à quoy on a peu proufité : & aujour-
d'hui à peu de frais on pourroit faire des
merveilles, & acquerir infinis peuples à
Dieu sans coup ferir : & nous sommes
touchés d'vne ie ne sçay quelle lethargie
en ce qui est du zele religieux qui bruloit
noz peres anciennement. Si on n'espe-
roit aucun fruit temporel en ceci ie par-
donnerois à l'imbecillité humaine. Mais
il y a de si certaines esperances d'vne bô-
ne vsure, qu'elles ferment la bouche à
tous les ennemis de ce pays là, lesquels
le decrient afin de ne perdre la traite des
Castors & autres pelleteries dont ils vivent, & sans cela mourroyent de faim, ou
ne sçauroient à quoy s'employer. Que
s'il plaisoit au Roy, & à la Royne Regente sa mere, en laquelle Dieu a allumé vn
brasier de pieté, prendre goust à ceci (côme certes elle a faict au rapport de la
Conversiô des Sauvages baptizés par le
soin

Conquete de la Palestine comparée à celle de la Nouvelle-France.

Au Roy & à la Royne.

foin du Sieur de Poutrincourt) & laiſſer quelque memoire d'elle, ou pluſtot s'aſ- feurer de la beatitude des cieux par cette action qui eſt toute de Dieu, on ne peut dire quelle gloire à l'avenir ce lui fe- roit d'eſtre la premiere qui auroit planté l'Evangile en de ſi grandes terres, qui (par maniere de dire) n'ont point de bor- nes. Si Helene mere de l'Empereur Cô- ſtantin euſt trouvé tant de ſujet de bien- faire, elle euſt beaucoup mieux aimé e- difier à Dieu des temples vivans que tant d'edifices de marbre dont elle a rempli la terre ſainéte. Et au bout l'eſperance de la remuneration temporelle n'en eſt poît vaine. Car d'une part le Sieur de Pou- trincourt demeure toujours ſerviteur du Roy en la terre que ſa Maieſté luy a o- étroyée : en laquelle il feroit le rendez- vous & ſupport de tant de vaiſſeaux qui vont tous les ans aux Terres neuves, où ilz reçoivent mille incommodités, & en perit grand nombre, comme nous a- vons veu & oui dire. D'ailleurs penetrant dans les terres, nous pourrions nous rendre familier le chemin de la Chine & des Molucques par vn climat & paral- lele têperé, en faiſant quelques ſtatiôs ou

Moyens pour aller aux Mo- lucques.

E

par le Ponant & le Nort.

demeures au Saut de la grande riviere de Canada, puis aux lacs qui sont plus outre, le dernier desquels n'est pas loin de la grande mer Occidentale, par laquelle les Hespagnols vont aujourd'hui en l'Orient. Ou bien on pouroit faire la même entreprise par la riviere de Saguenay, outre laquelle les Sauvages rapportent qu'il y a vne mer dont ilz n'ont veu le bout, qui est sans doute ce passage par le Nort, lequel en vain l'on a tant recherché. De sorte que nous aurions des

Vtilités.

epices, & autres drogues sans les mendier desdits Hespagnols, & demeureroit és mains du Roy le proufit qu'il tire de nous sur ces denrées: Laissant à part l'vtilité des cuirs, paturages, pecheries, & autres biens. Mais il faut semer avant que recueillir. Par ces exercices on occuperoit beaucoup de ieunesse Françoise, dont vne partie languit ou de pauvreté, ou d'oisiveté: ou vont aux provinces étrangeres enseigner les metiers qui nous estoient iadis propres & particuliers, au moyen dequoy la France estoit remplie de biens, au lieu qu'aujourd'hui vne longue paix ne l'a encore peu remettre en son premier lustre, tant

pour la raison que deſſus, que pour le
nombre de gens oiſifs, & mendians va-
lides & volontaires que le public nour-
rit. Entre leſquelles incommoditez on
pourroit mettre encore le mal de la chi-
quanerie qui mange noſtre nation, dõt
elle a eſté blamée de tout temps. A quoy
ſeroit aucunement obvié par les frequẽ-
tes navigations : eſtant ainſi qu'une partie de ceux qui plaident auroient pluſtoſt
fait de conqueſter nouvelle terre, de-
meurans en l'obeiſſance du Roy, que de
pourſuivre ce qu'ilz debattent avec tant
de ruines, longueurs, ſolicitudes, & travaux. Et en ce ie repute heureux tous
ces pauvres peuples que ie deplore ici.
Car la blafarde Envie ne les amaigrit poĩt
ilz ne reſſentent point les inhumanitez
d'vn qui ſert Dieu en torticoli, pour ſouz
cette couleur tourmenter les hommes;
ilz ne ſont point ſujets au calcul de ceux
qui manquans de vertu & de bonté s'af-
fublent d'vn faux pretexte de pieté
pour nourrir leur ambition. S'ilz ne cõ-
noiſſent point Dieu, au moins ne le blaf-
phement ilz point, comme font la pluf-
part des Chretiens. Ilz ne ſçavent que
c'eſt d'empoiſonner, ni de corrompre la

*Chiqua-
nerie.
Ammiã
Marcellin*

*Felicité
des Sau-
vages.*

E ij

chasteté par artifice diabolique. Il n'y a
point de pauvres, ny de mendians entre
eux. Tous sont riches, entant que tous
travaillent & vivent. Mais entre nous il
va bien autrement. Car il y en a plus de
la moitié qui vit du labeur d'autrui, ne
faisant aucun metier qui soit necessaire
à la vie humaine. Que si ce païs là estoit

Pour ceux
qui vont
en la N.
France.

établi, tel y a qui n'ose faire ici ce qu'il
feroit là. Il n'ose point ici estre bucheron,
laboureur, vigneron, &c. par ce que son
pere est chiquaneur, barbier, apothicai-
re &c. Et là il oublieroit toutes ces apre-
hensions de reproche, & prendroit plaisir à cultiver sa terre, ayant beaucoup de
compagnons d'aussi bonne maison que
lui. Et cultiver la terre c'est le metier le
plus innocent, & plus certain, exercice
de ceux de qui nous sommes tous des-
cendus, & de ces braves Capitaines Romains qui sçavoient domter & ne point
estre domtés. Mais depuis que la pompe
& la malice se sont introduits parmi les
hommes, ce qui estoit vertu a tourné en
reproche, & les faineans sont venus en
estime. Or laissons ces gens là, & reve-

A la
Royne.

nons au Sieur de Poutrincourt, ains
plustot à vous, ô Royne Tres-Chrestien-

ne, la plus grande, & plus cherie des *A la*
cieux que l'œil du monde voye en la ro- *Royne.*
de qu'il fait chaque iour alentour de
cet vnivers. Vous qui avés le maniement
du plus noble Empire dici bas, Quoy
souffrirez vous de voir vn Gentil-hôme
de si bonne volonté sans l'employer &
sans le secourir? Voulez vous qu'il em-
porte la premiere gloire du monde par
dessus vous, & que le triomphe de cet affaire luy demeure sans que vous y parti-
cipiés? Non, non, Madame, il faut que le
tout vous en soit rapporté, & que côme
les etoilles empruntent leur lumiere du
soleil, aussi que du Roy & de vous qui
nous l'avés dôné toutes les belles actiôs
des François depêdent. Il faut donc pre-
venir cette gloire, & ne la ceder à autre,
tandis que vous avés vn Poutrincourt
bon François, & qui a servi le feu Roy de
regretable memoire vôtre Epoux (que
Dieu absolve) en des affaires d'Estat
dont les histoires ne font mention.: En
haine dequoy sa maison & ses biens
ont passé par l'examen du feu. Il ne
passe point l'Ocean pour voir le païs,
comme ont fait préque tous les autres
qui ont entrepris de semblables naviga-

E iij

tions aux dépens de noz Roys. Mais il
môtre par effect quelle est son intentiõ,
si bien qu'on n'en peut point douter, &
ne hazarderez rien maintenant quand
vôtre Majesté l'employera à bon escient
à l'amplificatiõ de la religion Chrétienne és terres Occidentales d'outre mer.
Vous reconoissez son zele, le vôtre est
incomparable, mais il faut aviser où se
pourra mieux faire vôtre emploite. Ie
louë les Princesses & Dames qui depuis
quinze ans ont dõné de leurs biens pour
le repos de ceux ou celles qui se veulent
sequestrer du monde. Mais i'estime (sauf
correction) que leur pieté seroit plus il-
lustre si elle se montroit envers ces pauvres peuples Occidentaux qui gemis-
sent, & dont le defaut d'instruction
crie vengeance à Dieu contre ceux qui
les peuvent ayder à estre Chrétiens, &
ne le font pas. Vne Royne de Castille
a esté cause que la religion Chrétienne
a esté portée és terres que tient l'Hespagnol en Occident : faites ô lumiere des
Roynes du monde, que par vous bien-
tot on oye eclater le nom de Dieu par
tout ce monde nouveau où il n'est point
encore coneu. Or reprenant le fil de mõ

Histoire, puisque nous avons parlé du
voyage dudit Sieur de Poutrincourt, il
ne sera point hors de propos si apres a-
voir touché les incommodités & longueurs de sa navigation, qui l'ont reculé
d'vn an, nous disons vn mot du retour de
son vaisseau. Ce qui sera bref, d'autant
qu'ordinairement sont bréves les navigations qui se font des terres Occidentales en deça hors le Tropique du Cancre.
I'ay rendu la raison de cela en mon Histoire de la Nouvelle-France, où ie ren- *Liv. 1. ch.*
voye le Lecteur: comme aussi pour sça- *24. & li.*
voir la raison pourquoy en Eté la mer y *2. ch. 41.*
est remplie de brumes en telle sorte que *& 42.*
pour vn jour serein il y en a deux de
broüillas : & deux fois m'y suis trouvé
parmi des brumes de huict jours entiers.
Ceci a esté cause que ledit Sieur de Poutrincourt renvoyant son fils en France
pour faire nouvelle charge, il a demeuré *Que c'est*
aussi long temps à gaigner le grand Banc *ce Banc*
aux Moruës depuis le Port Royal, *Voy ladi-*
comme à gaigner la France depuis ledit *te Histoi-*
Banc: & toutefois depuis icelui Banc jus- *re liv. 2.*
ques à la terre de France il y a huit *chap. 24.*
cens bonnes lieuës : & de là méme jusques audit Port Royal il n'y en a gue-

res plus de trois cens. C'est sur ledit,
Banc qu'on trouve ordinairement tout,
l'Eté force navires qui font la Pecherie
des Moruës qu'on apporte pardeça, lesquelles on appelle Moruës de Terre-neuve. Ainsi le fils dudit Sieur de Poutrincourt (dit le Baron de Sainct Iust) arrivât
audit Banc fit provision de viande fre-
che, & pecherie de poisson. En quoy faisant il eut en rencontre vn navire Roche-
lois & vn autre du Havre de Grace, d'où
il eut nouvelles de la mort lamentable
de nôtre defunct bon Roy, sans sçavoir
par qui, ni comment. Mais apres eut en
rencontre vn autre navire Anglois, d'où
il entendit la méme chose, accusans du
parricide des gens que ie ne veux ici nómer : car ils le disoient par haine & envie,
n'ayans plus grans adversaires qu'eux. En
quinze jours donc ledit Sieur de Sainct
Iust fut rendu dudit Banc en France,
ayant toujours eu vent en poupe : navigation certes beaucoup plus agreable
que celle du vingtsixieme de Février
mentionnée ci-dessus. Les gens du Sieur
de Monts partirent du Havre de Grace
neuf ou dix jours apres ledit jour 26. Fevrier pour aller à Kebec. 40. lieuës parde-

la

La ma-
niere de
cette pe-
cherie,
voy au
lieu sus-
dit.

En 15.
jours du
Banc en
France.

la la riviere de Saguenay, où icelui Sieur
de Monts s'est fortifié. Mais ilz furent
contraints de relacher pour les mauvais
vents. Et là dessus courut vn bruit que le
Sieur de Poutrincourt estoit peri en mer,
& tout son equipage. A quoy ie n'adjou-
tay onques foy, croyant pour certain que
Dieu l'aidera, & le fera passer par-dessus
toutes difficultez. Nous n'avons encore
nouvelles dudit Kebec, & en attendons
bien-tôt. Mais ie puis dire pour la verité
que si jamais quelque chose de bon reüs-
sit de la Nouvelle-France la posterité en
aura de l'obligatiõ audit Sieur de Monts
autheur de ces choses, auquel si on n'eust
point oté le privilege qui lui avoit esté
baillé pour la traite des Castors & autres
pelleteries, aujourd'hui nous aurions force bestiaux, arbres fruictiers, peuples, &
batimés en ladite province. Car il a desi-
ré ardamment de voir pardela les affaires
establies à l'honneur de Dieu & de la
France. Et jaçoit qu'on lui ait oté le sujet
de continuer, si ne s'est il point decou-
ragé jusques à present de faire ce qu'il a
peu, ayant fait batir vn Fort audit Kebec, avec des logemens fort beaux &
commodes. En ce lieu de Kebec cette

Kebec Fort du Sieur de Monts.

F

grande & immenſe riuiere de Canada
eſt reduite à l'étroit, & n'a que la portée
d'vn fauconneau de large, abõdante en
poiſſons autant que riuiere du monde.
Pour le pays il eſt beau à merueilles, &
abondant en chaſſe. Mais eſtant en pays
plus froid que le port Royal, aſſauoir
quatre vingtz lieuës plus au Nort, auſſi
la pelleterie y eſte-lle beaucoup plus bel-
le. Car (entre autres) les Renars y ſont
noirs, & d'vn poil ſi beau, qu'il ſemble
faire honte à la Martre. Les Sauuages
du Port Royal y peuuent aller en dix ou
douze jours par le moyen des riuieres ſur
leſquelles ils nauigent préque juſques à
la ſource, & de là portans leurs petits ca-
nots d'écorce par quelque eſpace dans
les bois, ils gaignent vne autre riuiere
qui va tomber dans ledit fleuue de Canada, & ainſi expedient bien-tot de lõgs
voyages : ce que de nous-mémes ne
ſçaurions faire en l'etat qu'eſt le païs. Et
par mer audit Kebec il y a dudit Port
Royal plus de quatre cens lieuës en al-
lant par le Cap Breton. Ledit Sieur de
Monts y auoit envoyé des vaches dés il
y a deux ans & demi, mais faute de quelque femme de village qui entendiſt le

gouuernement d'icelles, on en a laiſſé mourir la pluſpart en ſe dechargeant de leurs veaux. En quoy ſe reconoit com- bien vne femme eſt neceſſaire en vne maiſon, laquelle ie ne ſçay pourquoy tant de gens rejettent, & ne s'en peu- vent paſſer. Quant à moy ie ſeray tou- jours d'auis qu'en quelque habitation que ce ſoit on ne fera jamais fruit ſans la compagnie des femmes. Sans elles la vie eſt triſte, les maladies viennent, & meurt-on ſans ſecours. C'eſt pourquoy ie me mocque de ces myſogames qui leur ont voulu tant de mal, & particu- lierement i'en veux à ce fol qu'on a mis au nombre des ſept Sages, lequel diſoit que la femme eſt vn mal neceſſaire, veu qu'il n'y a bien au monde comparable à elle. Auſſi Dieu la il baillée *pour compagne à l'homme, afin de l'aider & conſoler :* & le Sage dit que *Malheureux eſt l'home qui eſt ſeul, car il n'a perſonne qui l'échauffe, & s'il tombe en la foſſe il n'a perſonne pour le releuer.* Que s'il y a des femmes folles, il faut e- ſtimer que les hommes ne ſont point ſãs faute. De ce defaut de vaches pluſieurs ſe ſont reſſentis, car eſtant tombés ma- lades ilz n'ont pas eu toutes les do-

Femmes combien neceſſai- res.

Eccleſi. 4. verſ. 10.

ceurs qu'autrement ils euſſent euës, &
s'en ſont allez promener aux champs
Eliſées. Vn autre qui auoit eſté de nôtre
voyage, n'eut point la patience d'attendre cela, & voulut gaigner le ciel par eſ-
calade dés le commencement de ſon ar-
rivée, par vne conſpiration contre le
ſieur Champlein ſon Capitaine. Les
complices furent condemnés aux ga-
leres, & ramenés en France. L'Eté venu
aſſavoir il y a vn an, ledit Champlein de-
ſireux de voir le païs des Iroquois, afin
qu'en ſon abſence les Sauvages ne ſe ſai-
ſiſſent point de ſon Fort, il leur perſua-
da d'aller là faire la guerre, & partirent
avec lui & deux autres François, en nõbre de quatre-vingts ou cent, iuſques
au lac deſdits Iroquois, à deux cês lieües
loin dudit Kebec. De tout temps il y a
eu guerre entre ces deux nations, comme entre les Souriquois & Armouchiquois : & ſe ſont quelquefois elevés les
Iroquois juſques au nõbre de huit mille hommes, pour guerroyer & extermi-
ner tous ceux qui habitoient la grande
riviere de Canada : comme il eſt à croire
qu'ils ont fait, d'autant que là n'eſt plus
aujourd'hui le langage qui s'y parloit au

Marginal notes:

Conſpiration chatiée.

Voyage aux Iroquois.

Peuples ennemis.

temps de Iacques Quartier, qui y fut il
y a quatre-vingts ans. Ledit Champlein
avec ses troupes arrivé là, ilz ne se peu-
rent si bien cacher qu'ilz ne fussent ap-
perceuz de ces peuples , qui ont toujours des sentinelles sur les avenües de
leurs ennemis : & s'estans les vns &
les autres bien remparés , il fut convenu
entre eux de ne point combattre pour
ce jour là , mais de remettre l'affaire au
lendemain. Le temps lors estoit serein:
si bien que l'Aurore n'eut point plutot
chassé les ombres de la nuit , que la ru-
meur s'emeût par tout le camp. Quelque enfant perdu des Iroquois ayant
voulu sortir de ses rempars , fut transper-
cé non d'un trait d'Apollon , ou de l'Ar-
cherot aux yeux bendés , mais d'un vray
trait materiel & bien poignant qui le mit
à la renverse. Là dessus, la colere mon-
te au front des offensés & chacun se met
en ordre pour attaquer & se defendre.
Comme la troupe des Iroquois s'avan-
çoit, Champlein qui avoit chargé son
mousquet à deux balles, voyant deux
Iroquois marcher devant avec des pa-
naches sur la tête, se douta que c'estoient
deux Capitaines, & voulut s'avancer

pour les mirer. Mais les Sauvages de Kebec l'empecherent, difans : Il n'eft pas
bon qu'ilz te voyent, car incontinent,
n'ayans point accoutumé de voir telles
gens, ilz s'en fuiront. Mais retire toy
derriere le premier rang des nôtres, &
puis quand nous ferons prets, tu devan-
ceras. Ce qu'il fit : & par ce moyen furent les deux Capitaines tout enfemble
emportés d'vn coup de moufquet. Lors
victoire. victoire gaignée. Car chacun fe deben-
de, & ne reftoit qu'à pourfuivre. Ce qui
fut fait avec peu de refiftance, & em-
porterent environ cinquante têtes de
leurs ennemis, dont au retour ilz firent
Tabagie, de merveilleufes fêtes en Tabagies, dan-
c'eft feft. fes, & chanfons continuelles, felon leur
coutume.

EXTRAIT DV REGITRE
DE BAPTEME DE L'EGLISE DV
Port Royal en la Nouvelle
France.

LE IOVR SAINCT IEHAN
Baptiste 24. de Iuin.

1. EMBERTOY grand Sagamos âgé de plus de cent ans a esté baptizé par Messire Iessé Fleche Pretre, & nommé HENRY par Monsieur de Poutrincourt au nom du Roy.

2. MEMBERTOVCOICHIS (dit Iudas) fils ainé de Memberton âgé de plus de 60.ans, aussi baptizé, & nommé LOVIS par Monsieur de Biencour au nom de Monsieur le Dauphin.

3. Le fils ainé de Membertoucoichis dit à present Louïs Membertou, âgé de cinq ans, baptizé & tenu par Monsieur de Poutrincourt, qui l'a nommé IEHAN de son nom.

4. La fille ainée dudit Louïs âgée de treze ans aussi baptizée, & nommée CHRISTINE par ledit Sieur de Poutrincourt au nom de Madame la fille ainée de France.

5. La seconde fille dudit Louïs âgée d'onze ans aussi baptizée, & nommée ELIZABETH par ledit Sieur de Poutrincourt au nom de Madame la fille puisnée de France.

6. La troisieme fille dudit Louïs tenuë par ledit Sieur de Poutrincourt au nom de Madame sa femme aussi baptizée, nommée CLAVDE.

7. La 4. fille dudit Louïs tenuë par Monsieur de Coullegne pour Madamoiselle sa mere, a eu nom CATHERINE.

8. La 5. fille dudit Louïs a eu nom IEHANNE ainsi nómée par ledit Sieur de Poutrincourt au nó d'une de ses filles.

La 6. fille dudit Louïs tenuë par René Maheu a esté nommée CHARLOTTE du nom de sa mere.

10. ACTAVDINECH troisieme fils dudit Henri Membertou a esté nommé PAVL par ledit Sieur de Poutrincourt au nom du Pape Paul.

11. La femme dudit Paul a esté nommée RENEE du nom de Madame d'Ardanville.

12. La femme dudit Henri a esté tenuë par ledit Sieur de Poutrincourt au nom de la Royne, & nommée MARIE de son nom.

13. La fille dudit Henri tenuë par ledit Sieur de Poutrincourt, & nommée MARGVERITE au nom de la Royne Marguerite

14. L'vne des femmes dudit Louïs tenuë par Monsieur de Iouï pour Madame de Sigogne, nommée de son nom.

15. L'autre femme dudit Louïs tenuë par ledit Sieur de Poutrincourt au nom de Madame de Dampierre.

16. ARNEST cousin dudit Henri a esté tenu par ledit Sieur de Poutrincourt au nom de Monsieur le Nonce, & nommé ROBERT de son nom.

17. AGOVDEGOVEN aussi cousin dudit Henri a esté nommé NICOLAS par ledit Sieur de Poutrincourt au nom de Monsieur des Noyers Advocat au Parlement de Paris.

18. La femme dudit Nicolas tenuë par ledit Sieur de Poutrincourt au nom de Monsieur son neveu, a eu nom PHILIPPE.

19. La fille ainée d'iceluy Nicolas tenuë par ledit Sieur pour Madame de Belloy sa niepce, & nommée LOVISE de son nom.

20. La puis-née dudit Nicolas tenuë par ledit Sieur pour Iacques de Salazar son fils, a esté nommée IACQVELINE.

21. Vne niepce dudit Henri tenuë par Monsieur de Coullongne au nom de Madamoiselle de Grandmare, & nommée ANNE de son nom.

LOVE' SOIT DIEV.

www.ingramcontent.com/pod-product-compliance
Lightning Source LLC
LaVergne TN
LVHW020053090426
835510LV00040B/1687